Vente du Mercredi 21 Mars 1877

HOTEL DROUOT, SALLE N° 4

BEAUX MEUBLES

DES ÉPOQUES LOUIS XIV, LOUIS XV & LOUIS XVI

BELLES PORCELAINES DE CHINE

BRONZES, MEUBLES DE SALON

JOLIE BOISERIE LOUIS XV

TAPISSERIES

Appartenant en partie à M. T.

EXPOSITION PUBLIQUE : le Mardi 20 Mars 1877

DE UNE HEURE A CINQ HEURES.

COMMISSAIRE-PRISEUR.	EXPERT.
M° CHARLES PILLET,	M. CHARLES MANNHEIM,
10, rue de la Grange-Batelière.	7, rue Saint-Georges.

CATALOGUE

DE

BEAUX MEUBLES

DES ÉPOQUES LOUIS XIV, LOUIS XV & LOUIS XVI

TELS QUE :

Beau Meuble d'entre-deux surmonté d'une horloge ; Secrétaires ; Commodes ;
Joli Bonheur du jour ; Guéridons ; Tables ; Pendules, etc.,
en marqueterie de bois de rose et garnis de bronzes ;

BELLES & ANCIENNES PORCELAINES DE LA CHINE

Vases à fond noir ; Vases artistiques décorés en émaux de la famille verte ;
Vases en céladon bleu turquoise ;

BRONZES D'AMEUBLEMENT ; GIRANDOLES GARNIES DE CRISTAUX DE ROCHE ;
Pendules du temps de Louis XVI ; Bras-appliques ; Chenets ;

Moubles de salon du temps de Louis XIV et de Louis XVI
couverts en tapisserie et en damas de soie ;
Jolie Boiserie du temps de Louis XV ;

Belles Tapisseries dont une gothique.

Appartenant en partie à M. T.

ET DONT LA VENTE AURA LIEU

HOTEL DROUOT, SALLE N° 1

Le Mercredi 21 Mars 1877

A DEUX HEURES.

Par le ministère de **M⁰ CHARLES PILLET**, Commissaire-Priseur,
10, rue de la Grange-Batelière ;

Assisté **M. CHARLES MANNHEIM**, Expert, 7, rue Saint-Georges,

Chez lesquels se trouve le présent Catalogue.

EXPOSITION PUBLIQUE : le Mardi 20 Mars 1877

DE UNE HEURE A CINQ HEURES.

CONDITIONS DE LA VENTE

Elle sera faite au comptant.

Les adjudicataires payeront *cinq pour cent* en sus des enchères.

L'exposition mettant le public à même de se rendre compte de l'état des objets, il ne sera admis aucune réclamation une fois l'adjudication prononcée.

Paris. — Typ. PILLET et DUMOULIN, 5, rue des Grands-Augustins.

DÉSIGNATION DES OBJETS

PORCELAINES DE LA CHINE

ET DU JAPON

1 — Beau vase en forme de rouleau en ancienne porcelaine
de Chine, décoré en émaux de la famille verte : tour-
noi militaire en présence de l'empereur de la Chine.
Belle qualité.

2 — Vase de même forme et de même porcelaine, décoré
de médaillons de personnages et d'inscriptions sur
fond couvert de fleurs arabesques, le tout en émaux de
la famille verte.

3 — Vase analogue à celui qui précède et pouvant lui
servir de pendant; les médaillons de celui-ci sont décorés de paysages, d'arbustes et d'oiseaux.

4 — Beau vase en forme de rouleau, en ancienne porcelaine de Chine, décoré de grandes figures dans lesquel-
les le noir, le rouge et l'or dominent. Belle qualité.

5 — Beau vase analogue à celui qui précède et pouvant lui servir de pendant.

6 — Beau vase en forme de balustre, décoré d'un sujet familier dans un paysage en émaux de la famille verte.

7 — Vase de même forme et de même qualité ; les figures de celui-ci sont plus grandes.

8 — Beau vase en forme de balustre en ancienne porcelaine de Chine, décoré en émaux de la famille verte : Course d'amazones.

9 — Vase de même forme et de décor analogue. L'empereur de la Chine donnant une audience.

10 — Carpe ouvrante en céladon émaillé bleu turquoise et violet.

11 — Porte-allumettes en forme de poisson en terre du Japon émaillée bleu turquoise.

12 — Crapaud formant jardinière en céladon bleu turquoise.

13 — Théière formée d'un animal assis en ancienne porcelaine de Chine.

14 — Deux jolis vases en forme de potiche en ancienne

porcelaine de Chine à fond noir et décorés de fleurs et
de médaillons en émaux de la famille verte. Ils sont
montés en bronze doré et garnis de lampes.

15 — Joli bol en ancienne porcelaine de Chine avec rosa-
ces ajourées, couvertes seulement par une couche
d'émail transparent et décoré en bleu. Monture en
bronze doré.

16 — Deux petits vases cylindriques en porcelaine moderne
de la Chine, décorés de figures et montés en bronze
doré.

17 — Grosse potiche à couvercle en ancienne porcelaine
du Japon à décor bleu sur blanc.

18 — Jardinière ronde et basse en ancienne porcelaine de
Chine à décor bleu.

19 — Vase en forme de cornet en porcelaine de Chine décoré en bleu et garni d'une monture en bronze. Ce Vase
a été surdécoré.

20 — Petit vase en vieux Chine, décoré de figures en
émaux de la famille verte et monté à anses et sur pié-
douche en bronze doré.

21 — Deux potiches en ancienne porcelaine de Chine, décorés de fleurs et d'oiseaux en émaux de la famille verte.

22 — Deux autres potiches de même porcelaine, décorées
de figures.

23 — Deux petites potiches en vieux Chine, décorées de
paysages en émaux de la famille verte.

24 — Vase en forme de bouteille à décor bleu à figures.

25 — Deux vases à gorges, décorés de figures dans des
paysages.

26 — Petit vase en forme de bouteille à pans en céladon
bleu turquoise.

27 — Vase en forme de balustre en céladon bleu turquoise.

28 — Deux plats à bordures à jour en porcelaine de Chine,
à décor bleu à paysage.

29 — Quatre bols en vieux Chine, à décors de fleurs.

30 — Petit pitong cylindrique, décoré d'un arbuste et d'un
oiseau en émaux de la famille verte.

31 — Deux cache-pots en ancienne porcelaine de Chine,
décorés de médaillons de paysages en émaux de la famille verte.

32 — Petite jardinière ronde, décorée de dragons en émaux de la famille verte.

33 — Jardinière à pans en vieux Chine, décorée de figures en émaux de la famille rose.

34 — Jardinière ronde en céladon émaillé vert d'eau, à ornements gaufrés sous émail.

35 — Petite boîte en forme de fruit en porcelaine de Chine soufflée sur fond bleu.

36 — Petit vase en terre craquelée de la Chine, décoré d'attributs et de fleurs en relief.

37 — Deux petits vases en forme de potiche en vieux Chine, décorés d'arbustes et d'oiseaux en émaux de la famille verte.

38 — Deux vases de forme analogue, mais en deux dimensions de mêmes porcelaine et décor.

PORCELAINES DIVERSES

39 — Deux vases de forme ovoïde, reposant sur des socles carrés à têtes de béliers, en porcelaine tendre, à décor bleu de roi et or. Ils sont montés en candélabres en bronze doré à bouquets de lis.

40 — Joli vase en ancienne faïence de Nevers émaillé bleu de Perse uni et monté en bronze doré.

41 — Corbeille ronde en porcelaine de Mayence, à fleurs en relief.

SCULPTURES

42 — Dragon en pierre sculptée, préparé pour lancer l'eau.

43 — Dauphin de même travail, également préparé pour lancer l'eau.

44 — Vase de forme surbaissée, en marre brèche d'Alep, à anses carrées prises dans la masse.

45 — Deux panneaux à compartiments, contenant des sujets tirés de la vie du Christ, et des figures d'anges musiciens, en bois sculpté, doré et peint, et placés sous des arceaux gothiques. Travail du xve siècle.

46 — Deux panneaux de même travail, représentant les Quatre Évangélistes.

47 — Deux vases en terre cuite bronzée.

MINIATURES

48 — Médaillon rond peint à l'huile. — Portrait de lord
Darnley, en costume du xvi⁰ siècle.

49 — Jolie miniature carrée sur vélin, du xvi⁰ siècle. —
Saints personnages en adoration devant la Vierge et
l'Enfant Jésus.

50 — Autre miniature carrée sur vélin, attribuée à Julio
Clovio. — La Vierge, l'Enfant Jésus et saint Jean,
entourés de saints personnages.

ÉMAUX CLOISONNÉS

51 — Petit vase en ancien émail cloisonné de la Chine,
décoré de fleurs sur fond bleu turquoise.

52 — Petite coupe sur trois pieds, en ancien émail cloisonné de la Chine.

53 — Deux petits vases en forme de balustre renversé, en
émail cloisonné de la Chine, à fleurs arabesques sur
fond blanc.

BRONZES DE L'ORIENT

54 — Brûle-parfums en bronze, reposant sur des têtes d'éléphants, et à couvercle découpé à jour, surmonté d'un éléphant couché.

55 — Deux cornets reposant sur le dos d'éléphants debout. Bronzes chinois.

56 — Deux brûle-parfums à deux anses, reposant sur des éléphants couchés. — Bronze chinois.

57 — Petite coupe à une anse, en bronze niellé d'argent. Travail japonais.

BRONZES D'AMEUBLEMENT

58 — Deux grands candélabres ou girandoles, de style Louis XIV, à dix lumières, en cuivre, richement garnis de grappes de raisins et de fruits exécutés en cristal de roche, jaspe, améthyste, etc.

59 — Pendule Louis XVI, en forme de borne en marbre blanc, garnie d'un bas-relief et d'ornements en bronze doré, et surmontée d'une figurine d'amour tenant une guirlande de fleurs.

60 — Jolie petite pendule du temps de Louis XVI, en

marbre blanc et bronze finement ciselé et doré au mat. Elle est de forme carrée et ornée de deux consoles, terminées à leur partie supérieure par des têtes de béliers.

61 — Deux petits candélabres Louis XVI à deux lumières.

62 — Pendule du temps de Louis XVI, en bronze doré au mat et marbre blanc, ornée d'une figure de femme représentant l'Histoire et d'une figure d'enfant. Mouvement de *Guyd'amour*, *à Paris*.

63 — Deux jolis petits bras à trois lumières, en bronze ciselé et doré, ornés de branches à rinceaux, de têtes de dragons et d'appliques à cosses de pois et fleurs. Époque Louis XVI.

64 — Petite pendule du temps de Louis XVI, en bronze ciselé et doré au mat, à figure de nymphe pinçant de la lyre, et amour tenant une corbeille de fleurs.

65 — Cartel Louis XVI, en bronze ciselé et doré, orné de festons de lauriers et surmonté d'un vase.

66 — Deux girandoles de style Louis XVI, à trois lumières, en bronze ciselé et doré. Les flambeaux sont ornés de trois cariatides de femmes.

67 — Deux chenets de style Louis XV, modèle rocaille, en bronze doré, surmontés de figures d'amours.

68 — Pièce de surtout, porte-lumières en bronze doré, ornée de deux figures de nymphes.

69 — Deux petites coupes ovales en porcelaine tendre, décorées de figures d'amours et montées en bronze doré.

70 — Deux chenets en bronze doré, modèle rocaille à figures d'enfants.

71 — Deux chenets Louis XVI en bronze doré à cassolettes et galeries à rinceaux.

72 — Deux groupes en bronze : les Géants de Monte Cavallo.

BOISERIE

73 — Jolie boiserie Louis XV sculptée à panneaux, niches et traverse préparée pour recevoir une pendule.

MEUBLES

74 — Grand et beau meuble de forme contournée à deux corps superposés et surmonté d'une horloge, en marqueterie de bois à fleurs et oiseaux et très-richement garni de bronze rocaille ciselé et doré. Beau travail du temps de Louis XV.

75 — Beau secretaire du temps de Louis XVI en bois de citron, enrichi de très-jolis médaillons en biscuit de Wedgwood et d'appliques en bronze très-finement ciselé et doré au mat. Les angles sont ornés de colonnes cannelées et le dessus de marbre blanc est encadré d'une galerie à draperies découpée à jour.

76 — Commode de même travail et accompagnant le meuble qui précède.

77 — Joli petit bonheur du jour en marqueterie de bois à fleurs et attributs, garni de médaillons et de rinceaux en bronze ciselé et doré. Epoque Louis XVI.

78 — Petite table à ouvrage en marqueterie de bois de rose à attributs divers, garnie de bronzes. Epoque Louis XV.

79 — Deux jolies petites encoignures en marqueterie de bois d'érable à quadrilles, garnies de bronzes ciselés et dorés et à dessus de marbre griotte.

80 — Joli bureau à cylindre du temps de Louis XVI en acajou moucheté, garni d'ornements en bronze finement ciselé et doré au mat. Le dessus est formé d'une tablette de marbre blanc.

81 — Console du temps de la régence en bois sculpté et doré à mufle de lion, dragons et ornements et à dessus de marbre.

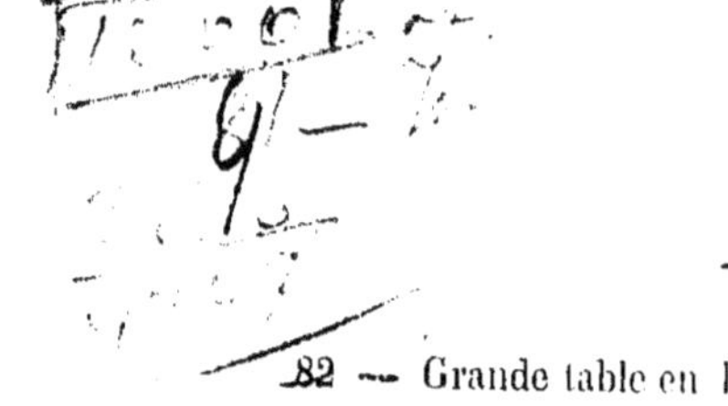

82 — Grande table en bois noir garnie de bronzes dorés et à dessus formé d'une tablette en scagliola, imitant la mosaïque de Florence et décorée de branches de fruits, de rinceaux, d'oiseaux et d'une figure de lion.

83 — Table Louis XIII en marqueterie de bois à rinceaux, mascarons et fleurs.

84 — Jolie table ovale formée d'une belle tablette de marbre vert antique encadrée d'une moulure de cuivre doré et montée sur une table à quatre pieds en bois sculpté et doré.

85 — Table carrée en mosaïque composée d'échantillons de jaspes de Sicile, sur pied à consoles doré.

86 — Vitrine-étagère en bois d'érable de forme contournée, garnie de bronze ciselé et doré. Style Louis XVI.

87 — Joli guéridon Louis XVI à deux tablettes en brocatelle d'Espagne et monté à trépied en bronze doré.

88 — Autre guéridon à trépied en bronze doré. Le dessus est formé d'une glace biseautée.

89 — Petite étagère en bois d'acajou à côtés cintrés et à dessus de marbre blanc. Elle est garnie de bronzes dorés.

90 — Petit bureau Louis XIII incrusté de filets d'étain et garni d'ornements en bronze oxydé.

91 — Joli meuble de forme ovale à porte à brisures, en
marqueterie de bois de rose, pieds en bronze ciselé et
doré et à dessus de marbre blanc. Epoque Louis XV.

92 — Petite table supportant une boîte à thé en bois de
palissandre incrusté de cuivre. Elle provient de la vente
de mademoiselle Rachel.

93 — Boîte à ouvrage formant pelotte, en marqueterie de
bois à fleurs. Epoque Louis XV.

94 — Piano droit en bois noir garni de bronze doré, à sept
octaves, de *Pleyel*.

95 — Belle pendule et son socle de suspension, du temps
de la Régence, plaquée d'écaille et très-richement garnie d'ornements rocaille en bronze ciselé et doré. Elle
est surmontée d'une figure de Diane.

96 — Petit bureau à cylindre avec tiroirs dans le bas en
laque noir burgauté. Travail japonais du xviii° siècle.

97 — Petite bibliothèque à deux portes vitrées et à tiroirs
en bois d'acajou incrusté de cuivre et à dessus de marbre blanc.

98 — Très-grande commode Louis XVI en bois d'acajou
à moulures en cuivre poli, colonnes cannelées aux angles et à dessus de marbre brèche violette.

99 — Commode Régence à trois rangs de tiroirs en bois de
placage garnie de bronzes et à dessus de marbre blanc.

100 — Petit meuble à côtes cintrés formant étagère et à
trois tiroirs en bois d'acajou et à dessus de marbre
blanc.

101 — Petite console Louis XVI à colonnes cannelées, en
bois d'acajou à moulures de cuivre et à deux tablettes
de marbre blanc.

102 — Pendule Louis XIV, et son socle de suspension en
marqueterie de cuivre sur écaille de l'Inde et garnie de
bronze doré. Elle est surmontée d'une figurine d'Her-
cule.

103 — Toilette Louis XVI en bois d'acajou à moulures de
cuivre poli et intérieur en marbre blanc.

104 — Deux étagères-encoignures en bois d'acajou sup-
portées par des colonnettes à balustres, garnies de
bronzes ciselés et dorés et à dessus de marbre blanc.
Epoque Louis XVI.

105. — Secrétaire droit en bois d'acajou et bois de citron
incrusté de filets de cuivre et orné aux angles de mon-
tants cannelés de cuivre. Epoque Louis XVI.

106 — Table à jeux formant console en bois d'acajou à
moulures de cuivre poli et à dessus de marbre blanc.
Époque Louis XVI.

107 — Meuble d'entre-deux à côtés arrondis, orné de quatre panneaux de marqueterie représentant les Saisons et garni de bronzes. Dessus de marbre entouré d'une galerie en bronze doré. Époque Louis XVI.

108 — Commode en bois de violette garnie d'ornements en bronze doré et à dessus de marbre griotte. Époque Louis XIV.

109 — Cabinet avec porte centrale de forme monumentale plaqué d'écaille et garni d'ornements en bronze. Epoque Louis XIII.

110 — Petit cabinet à porte à abattant, incrusté d'ivoire gravé et portant un écusson armorié.

111 — Petit meuble à tiroirs, incrusté de rinceaux en bois.

112 — Table rectangulaire, incrustée d'ivoire à vases de fleurs et ornements.

113 — Table de même travail, décorée d'entrelacs.

114 — Deux panneaux en bois sculpté à ornements et têtes de chérubins.

115 — Sculpture en haut-relief sur bois représentant des guerriers combattant.

116 — Petit meuble de style renaissance en bois de noyer sculpté, orné de bas-relief. Ses pieds sont formés de colonnes cannelées.

117 — Grande pendule et son socle de suspension en marqueterie d'écaille et cuivre, garnie de bronzes. Époque Louis XIV.

118 — Autre pendule du temps de la Régence en marqueterie de cuivre sur écaille rouge et garnie de bronzes.

SIÉGES

119 — Beau meuble de salon du temps de Louis XIV en bois sculpté et doré, couvert en damas de soie rouge. Il se compose d'un grand canapé et huit grands fauteuils.

120 — Autre meuble de salon de même travail. Celui-ci se compose de : quatre fauteuils, six chaises et quatre tabourets de pied.

121 — Deux petits canapés cintrés en bois sculpté et doré couverts en damas de soie rouge capitonnée.

122 — Meuble de salon du temps de Louis XVI en bois sculpté et doré couvert en damas de soie rouge. Il se compose de deux petits canapés et six fauteuils.

123 — Autre meuble de salon de même époque en bois
sculpté et doré, couvert en damas jaune. Il se compose
d'un canapé et six fauteuils.

124 — Quatre grands rideaux de croisées en damas de soie
rouge, avec embrasses et accessoires.

125 — Deux grandes portières de même étoffe.

126 — Deux autres portières de même étoffe, mais moins
larges.

127 — Meuble de salon en tapisserie, à médaillons de personnages dans le style de Boucher, sur fond brun re-
fait. Il se compose d'un canapé et de huit fauteuils en
deux dimensions. Époque Louis XVI.

128 — Six chaises Louis XVI en bois sculpté.

TAPISSERIES

129 — Grande tapisserie gothique composée d'un grand
nombre de figures vêtues de riches costumes du temps.
Hauteur, 3 mètres 45 ; largeur, 4 mètres.

130 — Deux jolies tapisseries renaissance à petits personnages. Hauteur, 2 mètres ; largeur, 3 mètres 40.

131 — Autre tapisserie renaissance à petits personnages
et bordure composée de figures, de fleurs, d'oiseaux et
d'ornements. Hauteur, 2 mètr. 50; largeur, 3 mètr. 40.

132 — Grande tapisserie du temps de Louis XIV, représentant le jeu de Colin-Maillard, dans un beau paysage.
Bordure composée d'ornements. Hauteur, 3 mètres 30;
largeur, 5 mètres 30.

133 — Paravent à huit feuilles garni de tapisseries au point
à fleurs.

134 — Six jolis fauteuils en tapisserie au petit point à
figures et ornements.

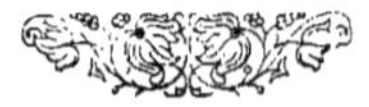